JN438393

여보! 어디 있어요?

월정 이선희 시집

오늘의문학사

국립중앙도서관 출판시도서목록(CIP)

여보! 어디 있어요? : 월정 이선희 시집 / 지은이: 이선희.
-- 대전 : 오늘의문학사, 2017
p. ; cm. -- (오늘의문학 시인선 ; 403)

ISBN 978-89-5669-870-0 03810 : ₩8000

한국 현대시[韓國現代詩]

811.7-KDC6
895.715-DDC23 CIP2017030936

여보! 어디 있어요?

이선희 시집

| 책머리에 |

당신이 먼 여정에 올라
어디론가 숨어 버렸습니다.
보고픈 마음 하늘과 같으나
아무리 찾으려도 찾을 수가 없습니다.

보고 싶을 때마다 하나 둘씩 적어 본 글이
어느덧 한 권의 책이 되려합니다.

당신의 영전에 이 책을 묻고
당신의 손을 놓아 드리려 합니다.
어디든 훨훨
맘껏 날아갈 수 있도록 말입니다.

나는 당신이 주고 간 선물,
내 아들과 딸들, 손자, 손녀 곁에서
당신의 못다 이룬 꿈을 이루어가며,
열심히 살아가겠습니다.
여보, 사랑합니다!

|추천사|

월정 이선희 시를 추천하며

김 용 복 (극작가, 칼럼니스트)

"여보! 어디 있어요? / 아무리 찾아도 없네./
하늘과 땅 사이에 / 나는 여기 있는데 / 당신은 어디 있어요? /
아무리 찾아도, 찾아도 / 찾을 수가 없네 그려./
나에게 그렇게 큰 죄를 지었나요? / 들키면 안 될 큰 죄를,/
그래서 꽁꽁 숨어버렸나요?/ 경찰에 신고라도 해 볼까요?/
그러면 마지못해서라도 나타날지./
여보! 보고 싶소"

- 2017년 8월 2일

월정 이선희는 울며 살았다. 울되 매일 울었다. 지난 2017년 1월 6일 아내가 갑자기 떠난 후로 생각나면 울고, 그리우면 울었다. 함께했던 50여 년이 그리우면 또 울었다. 울며 부르짖는 그 모습이 너무 간절해 주례사로 인용해 신랑 신부에게 당부했다. 곁에 서 있는 짝이 없으면 이렇게 울부짖으며 방황하게 된다고. 그러니 있을 때 서로 보듬어 주라고.

그러나 언제까지나 떠난 아내를 곁에 붙잡아 둘 수는 없다. 자유롭게 해줘야 마음 편히 천국 문을 들어갈 수 있고, 자신도 눈물 속에서 조금은 벗어날 수 있다. 자유롭게 보내야 한다. 그래서 또 한 편의 시를 썼다.

그대를 보내며

그대를 보내고 / 시를 써 본다고 한 것이 / 잘 쓰든 못 쓰든/
벌써 81번째를 맞습니다.
가슴을 도려내는 아픔과 / 슬픔을 토하면서 / 아무리 몸부림쳐 봐도/
돌이킬 수 없는 / 현실 앞에 / 무릎을 꿇습니다./
이젠 정녕 우리의 끈을 / 놓아야 할까 봅니다./
어디든 훨훨 날아갈 수 있게 / 보내드려야 할까 봅니다./
나도 홀로서기를 위한 / 준비를 하렵니다./
무엇을 어떻게 하려는 지는 / 나도 모릅니다./
지켜봐 주시고 인도해 주세요./
언제, 어디서, 무엇을 하고 있을지 / 지켜봐주세요./

- 2017년 9월 12일 그대를 보내며

이 책에 실린 93편의 시가 온통 자신의 감정을 그대로 노출시킨 주정시(主情詩)다. 그래서 감동이 오고 눈시울이 뜨거워지는 것이다.

나도 이선희 시인의 시를 읽으며 아내 사랑하는 법을 깨달았다. 그리고 내 아내를 자주 안아주며 시선을 마주쳤다. 웃는 내 눈에는 언제나 눈물이 맺혀있다. 구태여 이유를 밝히지 않겠다. 이선희 시인은 시를 쓰며 울고, 나는 이선희의 시를 읽으며 울고. 둘 다 우는 이유는 같다. 아내가 대상이기 때문이다.

이선희 시인의 그 멈출 수 없는 울음이 한 편 한 편 주정시(主情詩)로 엮어지더니 드디어 한 권의 시집으로 탄생하게 되었다. 그러니 추천 안 할 수가 없다. 곁에 있는 짝이 얼마나 소중한가를 깨닫게 해주기 때문이다. 아내가 곁에 있는 사람들은 함께해주어 고맙다고 울게 되고, 아내가 먼저 떠난 사람들은 그리워서 울게 된다.

그러니 이선희 시인이여!

눈물로 엮어진 이 한 권의 시집을 아내의 영전에 바치고 어서 놓아드려라. 그리고 그 울음의 늪에서 어서 헤어 나오라. 아내가 간 길은 누구나 가는 길이다. 조금 먼저 떠난 것뿐이다. 그리고 남은 우리끼리 서로 의지하며 살자. 이 시를 읽는 많은 독자들도 함께 힘을 보탤 것이다.

차례

1부

2부

3부

1부

보고 싶어서 너무 보고 싶어서
그리고 그리워서 너무 그리워서
울보가 되었다.
눈물을 다스리지 못하는
울보가 되었다.

길

어제 걷던 그 길
오늘도 걷는다.

어제는 둘이서
오늘은 혼자서.

행복했는데
님과 함께라서.

그러나 지금

끝없이 어두운
절망 속의 길을
홀로 걷는다.

주체할 수 없이
흐르는 눈물만
닦아내며.

울보

난 울보

님 생각하면
님 이야기만 나오면

눈물이
앞을 가로 막는다.

어김없이
울음보가 터지고 만다.

보고 싶어서
너무
보고 싶어서

그리고 그리워서
너무
그리워서

울보가 되었다.
눈물을 다스리지 못하는
울보가 되었다.

보물

님은 그랬다.

공기와 물같이
있는 듯 없는 듯
그저 곁에 있어 좋았다.

님은 그랬다.

바늘과 실처럼
서로 손 잡고
항상 함께할 수 있어 좋았다.

님은 그랬다.
원하는 것 다 할 수 있게 하고
오늘의 나를 있게 했다.

님 떠난 지금에야 외쳐본다.
우린 서로 좋아했다고
우린 정말 사랑했다고

그러기에
내 보물이고 진정한 눈물이었다고.

마지막 택배

아!
잊을 수 없는 그날
2017년 1월 6일.

정성껏 만든 음식
골고루 포장하여
마지막 택배를 보내었던 그날.

택배 보냈다고
아이들과 카톡하며
그렇게 즐거워하더니만

순식간에 쓰러져
말 한마디 못한 채
119에 실려 가던 바로 그날.

아, 가엽다 내 님.
눈 한번 못 뜨고
이틀도 못 버틴 채
어처구니없이 떠난 내님

잊을 수가 없구려
그 마지막 모습.

사랑하는데, 사랑했는데
이젠 정녕 보고 싶어도
볼 수 없으니,

이 세상 어디에도 없으니….

바보

님과의 추억을 더듬어본다.

앨범을 뒤지고
장롱 속을 뒤진다.

제대로 된 독사진 한 장 없고
번듯한 옷 한 벌 없다.

그러나
빛바랜 사진 속에는
지켜주지 못한 바보가 장승처럼 서 있고

빛바랜 낡은 옷에는
따뜻한 체온이 남아있다.

난 바보다.
그를 지켜주지 못한 난 바보다.

님의 빈자리

마루에 우두커니 앉아
창밖을 본다.

먼 하늘을 보아도
먼 산을 보아도
모두가 그대로인데

집안은 어찌
이렇게 텅 비어 버렸을까?
내 님 떠난 자리가
자꾸만 자꾸만
커져만 간다.

사랑했기에
더 더욱 큰
내 님의 빈자리.

모두들 그런다

모두들 그런다
마주치는 사람들마다
기운 내라고.

모두들 그런다
참고 사노라면
잊혀질 것이라고.

그런데
모두들 그런다
그렇게 쉽지는
않을 거라고.

그러나 모두들 그저
하기 좋은 말로
그러는 것 같다.

옷이 자랐다

세월이 이렇게 흘러
나이를 먹었는데도
옷이 자랐다.

자란만큼 잘라내고
다시 입어보지만
내 마음의 허전함은
무엇으로
달래나.

약속한 세월.

님 없는 타향

그대 가신 지 어느 덧
6개월
세월도 빠르다.
내 마음속엔
아직도 그대로인데

이 보금자리에서
님과 함께 살아온
20여 년
당신의 숨결이
그대로 남아있는데

나 혼자 앞으로
어떻게 살아가야할까
낯설고 물 설은
타향인데
어떻게 살아가야할까

사랑하는 사람 하나
지키지 못한

무능한 사람에게
내리는 벌을
어떻게 받아야 할지

뜨거운 눈물이
두 볼을 타고
흐르고 있네.

그리움에 젖은
뜨거운 눈물이.

님이 계실 때에는

님이 계실 때에는
알콩달콩 사랑도
티격태격 다툼도
있었지만
세상 모두가 내 것이었는데

님 떠난 지금
고운님 내님 그리워
눈시울만 적실 뿐
세상의 모든 것
아무런 의미가
없구려.

구름 저 너머에서
웃으며 손짓할 것 같은
님에게로
달려갈 수는 없을까?

님을 만나
옛날같이 둥실둥실
춤도 출 수 없을까?

사랑하는 님과 함께.

심장의 날 기념타올

혈압과 함께 싸워온
십수 년,
건강검진과 의사의
진료도
때맞추어 받았고
처방대로
열심히 약도 먹었다.

심장의 날 세미나에도
즐거운 마음으로
참석하여
걱정을 덜었다.

장롱 속에 있는
수많은 수건들
그 중에 심장의 날에
받은 수건이 여러 장 있다.

밉다! 그 수건들
보기가 싫다.

내 님을 지켜주지도
못했기 때문이다.

유성온천 가는 길

유성온천 가는 길
소담스런 눈꽃
올해도 잊지 않고
만발하였네.

화려하거나
우아하지는 않지만
내님이 그렇게
좋아하였지.

봄이 되면
화사한 벚꽃에
심취하던 님

온천에 붙잡혀
이팝나무 꽃으로
위안을 삼았지.

그러나 지금
내님 먼 길 떠났으니

너마저 진다면
나는 어떡해.

내 고향

내 고향은
두메나 산골
지리산 자락

맑은 물에
멱 감고
피래미 잡던 곳

한걸음에
천왕봉에 올라
세상을 굽어보며
고함쳐 보련만

이젠
함께 갈 친구 없으니
한 가닥의 꿈으로만
간직 할 수밖에

바늘과 실

같이 웃고 함께 울며
지나온 50년

누구도 부러워하는
잉꼬부부였는데

어느 날 뒤돌아보니
실이 떨어져
저 멀리 날아가 버리고
바늘만 혼자
쓸쓸히 남았구려.

이제 남은 바늘은
무엇을 해야 할까?
어디에 쓸까?

님이여!
대답 없는 님이여.

보고싶다

보고싶다

정말 보고싶다
기쁨과 슬픔을
같이하며
울고 웃던 내 님

꽃이 피면 꽃을 찾고
맛을 찾아 팔도 헤매며
그렇게도
즐거워했던 내 님

아침에 눈을 뜨면
항상 내 곁에
계셨는데
어디를 가셨을까?
내 님은 보이질 않고
텅 빈 공간이 나를
맞아주네!

무용지물

님이 가신 뒤
벌써 봄이 왔다가
가고
여름이 왔다.

봄과 함께 찾아오는
산뜻한 봄나물과
향긋한 풋과일들

이것저것 준비하여
아이들에게 보낼
내님의 새로운
일거리였는데

그러나 지금은
님 떠—난 지금은
아무 소용이 없다.

일별의
가치도 없는
무용지물이다.

신원사 가는 길

애마를 처분하고
대중교통으로
신원사 참배 길을
현지 답사한다.

조금은 힘들고
시간은 많이 걸려도
우리들의
데이트코스로
삼기로 하였다.

그러나 그것이
끝이었다.
하늘은 무심케도
내 님을 데리고
가 버렸다.

그래서 우리들의
데이트코스는
내 님을 좋은 곳으로

인도하여 달라는
눈물의 참배길이
되고 말았다.

하늘도
무심하시다.
꼭 그렇게 해야만
했을까?

내 님이 떠났습니다

삼남매 먹을 반찬 준비해
택배 보내고
지친 몸 이끌고
설거지하다가
힘에 부쳐 그만
쓰러지고 말았습니다.

아무리 불러 봐도
말 한마디 없이
구급차에 실려 가고
말았습니다.
사랑하는 가족 얼굴 한번 쳐다보지 못한 채
그냥 훌쩍 떠나고
말았습니다.

평생 혈압과 싸우며
병원문 두들겨 왔건만
끝내 그 병마는 내 님을
데려가고 말았습니다.

신이시여!
내 님을 한번만이라도
돌려보내 주시면
안될까요?

그러면
그동안 제가 잘못했던
모든 것,
그동안 못다해 준 모든 것
다 해 드리고 싶습니다.

산수유 꽃

봄의 전령사
구례 산동마을
노오란 산수유꽃

꽃망울 터트리며
상춘객을
맞이한다

꽃피는 새 봄을 맞아
남쪽으로의 봄꽃 여행
님의 손 잡고 꽃구경
간다.

마음은
둥실 둥실
하늘을 나른다.

마알갛게 웃는
님의 모습
꽃보다 더 아름답다.

님의 마지막 카톡

2017년1월6일 오후 그는 가셨다.
그러나 따뜻한 정을 남기고 가셨다.

3:22 (아내)오늘 택배
보냈어! 안녕!

3:25(큰딸)고맙습니다! 엄마,
안녕!

3:27(아들)무슨 택배?
종윤이 택배
좋아해요!

3:27(큰딸)김치

3:29(아들)아

3:30(아버지)김치와 정성

3:31(아내)밑반찬 종류.

맛있게 먹어라!

3:32(큰딸)네! 엄마,
반찬공장 사장님!

3:34(아내)아이구,
무슨 말씀!
부끄러워.

3:41(아내)이젠
맛없어도 맛있게!
짜면 싱겁게 먹는
거야! 물에 씻어
먹어라!

4:10(며느리)어머니
반찬은 늘
맛있어요!
고맙습니다!

4:11(아내)알아주니
고맙구려! 앗싸!
종윤이는
잘 있냐? 내일
택배왔다고
좋아하겠네!

4:29(며느리)네!
잘 있어요.
오늘은 물감놀이
하구 목욕
할려구요!

그러고 2시간 뒤
병원으로 실려가셨다.

그후 내 핸드폰에는
아내라는 이름이 사라지고 (알수없음)
으로 바뀌어버렸다.

방황

지금 이 순간도
내 인생은 어디론가
쉬임없이 흘러가고 있다.

님 떠난 지금
꿈도 희망도 없으면서
딱히 가야할 목적지도
없으면서

님 보고 싶다는
생각 말고는
아무 것도 없는데
그렇다고 님 따라갈
용기도 없으면서

바보 멍청이의
지루하고 무의미한
하루는 오늘도 또
흘러만 가고 있다.

준비된 이별

지금 생각하면
당신은 나 몰래
가실 길을 준비한 듯
느껴집니다.

왜 그리 급히
떠나야만 했을까요?
내가 그렇게
싫기만 하던가요?

님 떠난 뒤에야
생각해 보니
님의 속 깊은 사랑이
느껴집니다.

먹을 것, 입을 것
집안 내부 정리까지
손길 닿는 구석구석
손댈 것이 없구려!

그리움

님이 가시고 나서
사랑했다.
보고 싶다.
좋아했다고
외쳐보고 있지만

사실 그때에는
사랑이 뭔지도
몰랐습니다.

그저 곁에 있어서 좋았고
같이 웃을 수 있어서 좋았고
같이 갈 수 있어서
좋았습니다.

그러나 막상
그대 먼 길 떠나시고 나니
이제야 알겠습니다!

누가 뭐래도
나는 당신을 정말로
사랑한 것을.

무한정 그리웁고
보고 싶은 것은
당신은 또 다른 나이기 때문입니다.

어느 비 오는 날 오후

모처럼 비가 내린다.
소리 내어 비가 내린다.
거실 한 구석에 외로이 앉아
바깥을 내다보며
님 생각에 젖어든다.

행여 저 빗줄기 타고
내 님이 오시려나
날이 갈수록
님 보고 싶은 마음
더 해만 간다.

사랑했는데
좋아했는데
내 님이 그립고 보고 싶은데
그칠 줄도 모르고.
참았던 눈물이 흘러내린다.

위약

당신이 가 계신 곳
머나먼 그곳
뭐가 그리 급하다고
서둘러 가야만 하였나요?

봄이 오면
벚꽃구경 가자던
진해 군항제도 보고
시장 안 잔치국수도
먹자던
그 약속 모두 다
당신이 깨뜨렸소.

나를 두고 가 계시니
그렇게 좋기만 하던가요

어쩌면
당신생각으로
눈물 흘리는 내 모습은
보이지 않나요?

약속한 사람.

여름의 길목에서

당신 잃은 슬픔에
잠겨있는 동안
그래도 시간은 흘러
계절이 바뀝니다.

추운 겨울날 가셨는데
벌써 구슬땀 흘리는
여름의 길목에
섰습니다.

내일이면 7월 6일
님 가신 지
꼭 6개월이
되는 날입니다.

아직도
당신 생각만하면
눈물이 앞서는데
앞으로의 많은 날들

나는
무엇을 위해
어떻게
살아가야 할까요?

님과 함께

저 푸른 초원 위에
그림 같은 집을 짓고
사랑하는 우리 님과
한 백 년 살고 싶어

우리도 이곳저곳
옮겨 다니며
그림 같은 집도 지어보았고
알콩달콩 우리 님과
반 백 년은 살았지요.

삼 남매 키우면서
지나온 세월
우리가 누려온
행복의 극치였죠.

이젠
손자, 손녀 재롱 보러
이곳, 저곳
다니자고 해 놓고

그렇게
가 버리시면
나 혼자서
어떻게 하란 말이요?

메아리

어제는 7월 6일
당신 가신 지
만 6개월이 되었습니다.

녹야원을 찾아
그동안 써 왔던
당신의 노래를
읽어 드렸습니다.

눈물이 가로막고
목이 메었지만
소리내어 읽었습니다.

그러나 내 목소리만
메아리쳐 올 뿐
아무런 대답이 없습니다.

당신은 내 목소리가
안 들리나요?

나도 보고 싶었노라고
대답 좀 해주면
안 되나요?

태종대

그대를 처음 만난 날
우리는 태종대로
첫 데이트를 갔습니다.

아직은 이른 봄
바다바람은 세고
꽤 거칠었습니다.

그러나 마음은 설레고
마술 같은 힘이
우리를 감쌌습니다.

해녀가 막 잡아 올린
멍게와 해삼을 먹으며
해시시 웃었지요.

그때 처음 잡아본
당신의 손
아직도 체온이 남아있군요.

그 한 달 후
우리는 결혼하였고
당신만을 위한 삶이 계속 되었습니다.

그러나 이제
그 손을 놓치고
이렇게
혼자 울고 있습니다.

사랑했는데
모든 걸 바쳤는데.

꽃 사랑

꽃을 좋아해
하나 둘씩 모은 화분
어느덧 베란다를
꽉 채워버렸다.

물을 주면서도
대화를 나눈다.
아! 예쁘다!
잘 커 주어서 고맙구나!

외식할 때
들려온 화분

이웃들에게 나누어 주면
언제나 얼굴엔
환한 미소를 머금곤 했다.

꽃을 가꾸는 사람들의
대화는 정이 넘친다.
따뜻하고 부드럽다.

님이 떠난 지금도
독백처럼 대화를 나눈다.

'이 꽃도 살까?'

허무한 이별

어느 날 갑자기
님이 내 곁을
떠났습니다.
아무런 말 한마디 없이

울며불며 애원해도
몸부림쳐 보아도
야멸차게
떠나고 말았습니다.

돌아설 줄도 모르고
허무한 이별을 고한 채
야속하게
떠나고 말았습니다.

가실 길이 그렇게
급하기만 하던가요
다시 오겠노라는
약속도 없이
그렇게 가셔야만 합니까?

외로움

님이 내 곁을 떠난 뒤
이 집에는
찾는 이도, 부르는 이도
없습니다.

집 전화도, 휴대폰도
벙어리나 마찬가지입니다.
외로운데, 정말 외로운데 말입니다.

오늘도 나 혼자
우두커니 앉아
내 님이 '여보!'하고 달려올 것 같은 착각에 잠깁니다.

내 님이 보고 싶은 마음
점점 더해져
흐르는 눈물만 닦아 냅니다!

외톨이

오늘은 충대병원에
예약이 되어 있습니다.
보호자도 없이
혼자서 가야만 합니다.

우리는 늘
함께였습니다.
한 사람은 환자
한 사람은 보호자

또한 하루의 외출이
계획된 날이기도 하였습니다.
맛있는 외식과 쇼핑도.

그러나 오늘은
외톨이가 되어
혼자서만 가야합니다.

유일한 사람

사랑한다는 말도
보고 싶다는 말도
마음속으로는 수없이
뱉으면서
정작 당신에게는
말할 수 없었습니다.

혹시 당신이 부담스러워
조금은 쑥스러움에
나에게 다가오지 못하고
머뭇거릴까봐
걱정되어서였습니다.

그러나 당신은
나에게는 누가 뭐라고 하던 늘 변함없이
날 사랑해주는
유일한
사람이었습니다.

배반하고 싶은 이유

인연입니다.
진주 가는 버스 안에서
님의 조부님과
나의 부친께서
동승을 하셨습니다.

걱정일세!
과년한 손녀가 있는데!
저도 아들 녀석 때문에
걱정이랍니다!

얼마 후 나는 부산으로
호출되었고
어설프게
선이라는 것을 보았습니다!

그리고 태종대로 자리를
옮겨 데이트를 하고
손을 꼭 잡았습니다.

그러고 한 달 후 결혼식을 올렸고
우리의 허니문은 이렇게
시작되었습니다.

직장 따라 이곳저곳
옮겨 다니며 가족도 늘어나고
아이들의 커 가는 모습에
세월 가는 줄도 몰랐습니다!

이제는 손자, 손녀 재미에
흠뻑 빠져있는데
내 님이 예고도 없이
나를 배반하고 먼 길을 떠났습니다!

용서가 되지 않습니다.
이젠 내가 그 인연
배반하고 싶습니다!

환상

비가 오네요.
장대비가 쏟아지네요.
마치 세상의 모든 것
다 쓸어 갈듯이.

그러면
지나간 모든 것
잘못된 모든 것
다 쓸어가 버리나요?

그리고 그 너머에서
해님과 함께 짠하고
내 님이 나타난다면
얼마나 좋을까요?

꿈에서라도 님과 함께
다시 한 번
행복의 나래를
피어보고 싶습니다.

깨달음

당신을 사랑합니다.
당신을 좋아합니다.
눈으로만 말했을 뿐
내 님께는 정작 해보지
못한 말입니다.

모진 풍파 다 겪고 살아온 세월,
그대를 떠나보낸 지금에야
진정 사랑하고 좋아했음을 깨닫게 됩니다.

너무도 멀리 흘러가버린
돌이킬 수 없는
세월의 뒤안길로 떠난 님
그리며 아쉬워합니다.

이제야 큰 소리로 외쳐봅니다!
당신을 사랑했다고.
당신을 좋아했다고.
영원히 !

지난날 그때에는

지난날 그때에는
그것이
행복인 줄 몰랐습니다.

둘이서 손잡고
가고 싶은 곳 어디든 가고
하고 싶은 것 무엇이든 할 수 있고
환하게 소리 내어 웃던
그 시절

우리는 그것이 당연한 것으로만 여겼습니다.

그러나 지금
당신 떠나신 후
이제사 뒤돌아보니
나 혼자서 할 수 있는 일은 아무것도 없습니다.

지금 생각하면
지난날 그 때가 내 인생의 가장 행복했던
시절이었습니다.

못 잊어

님을 잃은 슬픔이
이렇게 클 줄은 몰랐습니다.
님을 그리는 그리움 또한
이렇게 클 줄도 몰랐습니다.
슬픔과 그리움에
잠겨있는 동안에도
세월은 자꾸만 흐릅니다.
이제는 당신을 잊어야 할까 봅니다.
아니 잊어버려야만
될 것 같습니다.
그런데 어떡하죠?
그럴수록 더욱 더 또렷해지는
당신의 모습.
지금도 어디서든
당신의 이야기만 들리면
눈물이 앞을 가로막고
목이 메어집니다.

자책

님을 보내어야 했던
그날의 일이 자꾸만 생각납니다.
나는 왜 님을 지키지 못했을까요?
못내 아쉬워하며 자책하게 됩니다.

거실과 주방 사이 불과
몇 미터,
무언가 서로간의
교감이라도 있었으련만
분명 무언가 하고 싶은
말이 있었으련만

왜 아무런 말도, 눈치도 채지 못한 채
보낼 수밖에
없었던 것일까요?

여보, 미안해요,
정말 미안합니다.

2부

여보! 어디 있어요? 아무리 찾아도 없네.
하늘과 땅 사이에 나는 여기 있는데 당신은 어디 있어요?
아무리 찾아도, 찾아도 찾을 수가 없네 그려.

여보! 어디 있어요?

여보! 어디 있어요?
아무리 찾아도 없네.

하늘과 땅 사이에
나는 여기 있는데
당신은 어디 있어요?

찾아도, 이무리 찾아도
찾을 수가 없어요.

나에게 그렇게 큰 죄를 지었나요?
들키면 안 될 큰 죄를,
그래서 꽁꽁 숨어버렸나요?

경찰에 신고라도 해 볼까요?
그러면 마지못해서라도
나타날지.

여보! 보고 싶소.

내 마음의 꽃

이 세상 어디에도 없는
아름답고 향기 그윽한
내 마음속의 꽃
나를 사랑한 내 님입니다.

세상에서 가장 아름다운
고귀하고 영롱한
내 마음속의 꽃
내가 사랑한 내 님입니다.

속내 깊은 마음으로
나를 품어주고
헌신으로 가족 감싸던
정녕 아름다운 꽃

내 사랑하던 님이었습니다.
흔한 듯 흔하지 않는
이 세상 어디에도 없는 꽃
내 마음속의 꽃
바로
내 님입니다.

독백

님이 떠나신 후
언제, 어디서든
혼자서 중얼중얼하는
습관이 생겼다.

여보! 나 목욕 간다.
같이 갈까?
유성 가서 공능멸치국수도 먹고,

참, 세연이 좋아하는
고구마줄기도 나왔던데
사서 좀 보내줄까?

아무리 이야기해도
돌아오는 대답은 없다.
길을 가면서도, 차를 타고 가면서도
혼자서 중얼중얼,
손수건만 적신다.

행복을 빌며

님이 가 계신 곳
머나 먼 그곳
얼마나 편안하고
즐거운 곳일까요?

못난 나를 만나
고생만 하시다가
날 버리고
찾아가신 그 곳

아무쪼록 따뜻하고
행복한 곳이었으면
좋겠습니다.

화려한 행복보다는
초라하지 않고
안개꽃처럼 잔잔한
당신을 꼭 닮은
그런 행복이었으면
좋겠습니다.

보고 싶은 내 님

아침에 눈을 뜨면서
창밖을 본다.
행여
내 님이 오셨나하고.

보고 싶은 내 님
생각에
눈시울이
젖어 오는데

그래도 세월은 흘러
어느덧
가을의 문턱
입추를 지난다.

가을이 오면
님과 함께
해야 할 일이
얼마나 많은데
말 좀 해 주세요. 네!

다시 한 번 사랑을

여보!
기회가 온다면
우리 다시 한 번
사랑을 해 봐요!

부모님의 선택이 아닌
우리 둘만의 새로운 만남.
수줍고 가슴 설레는
그런 사랑 말이오.

생각만 해도
심장이 멈출 것 같은
그런 사랑 말이오.

그런데 걱정이 있소
나는 아직도
아니, 더욱 더
당신을 사랑하는데

당신은

내가 누구인지도
몰라보면
어떡하지요?

내 사랑 당신

당신은 나에게
사랑이 무엇인지
행복이 무엇인지를 가르쳐준
나의 천사입니다.

언제나 아침이면
웃음으로 창문을 열고
나에게 용기를 주는
내 사랑하는 님 입니다.

내가 외로워 할 때
이웃과 더불어
사랑하는 법을 가르쳐준 사람
바로 내 사랑 당신입니다.

우리는 행복했는데
앞만 보고 달려왔는데
심술궂은 운명 앞에
무릎을 꿇고 말았습니다.

사랑하는 님에게

당신과 나의 만남은
우연이 아닌
인연 이었죠.

우리가 서로를
사랑하게 된 것은
인연을 승화한
운명이었으리!

우리가 이 만큼
행복하게 살아 온 것도
그렇게 살 수밖에 없는
숙명이었겠죠?

그러다가 이렇게
이별이 오니
그 슬픔이 눈물 되어
더욱 애절하여지네요.

내 사랑하는 님이여!

부여 궁남지

작년 여름, 함께 찾았던
부여 궁남지,
서동 연꽃축제.
불에 비친 야경은
더욱 찬란하였습니다.

가는 길마다 나무마다
밝혀놓은 찬란한 조명은
모처럼 찾은 우리의 가슴을
설레게 하였습니다.

연꽃 구경도 하고
별미로 연잎 밥도 먹고
내년에도 꼭 다시 오자고
약속했는데

님 가신 지금
혼자서 갈 수 없음에
아쉬워합니다.

편지

당신이 보고 싶어
편지를 씁니다.
수취인 주소도 없는 편지를.

무슨 말을 써야할지
생각도 하기 전에
벌써 눈물이 가로 막네요.

누군가가 말했어요.
사랑은 하는 것이
받는 것보다 행복하다구요.

그래서 나는 행복하였고
당신은 나만
못 하였나 봐요.

이젠 당신도 사랑하세요.
지금껏 못 누렸던
행복 누릴 수 있게!

뿌리공원

성씨의 고향, 뿌리공원
오랜만에 찾았더니
너무나 많이 변하여 있네요.

흐르는 물소리, 푸른 숲
당신과 같이 했던
그 때가 생각 나
눈시울이 뜨거워집니다.

여기는 나의 뿌리,
저기는 당신의 뿌리
오늘의 내가 있음에 감사드렸죠.

친지나 아이들이 오면
일부러 시간 내어
목소리 높여 가며
자긍심을 심어주던 님.

이젠 당신이 안 계시니
언제 또 와 보려나!

뚝방길

건강하게 살아보자고
행복하게 살아보자고
마주보고 깔깔대며
즐거웠던 산책로.

이 길을 오가며
잡았던 손
얼마나 부드럽고
따뜻하였던가?

그 곱디고운 내 님
어디로 가시고
나만 홀로 외로운
나그네가 되었나.

내 님은 지금쯤
어디서 무엇을 할까?
보고 싶은데
보고 싶은데 말입니다.

보랏빛 향기

내 님은
보랏빛 향기
첫사랑 깃들인
젊은 날의 추억

은은한
향기에 취하면
헤어나지 못하는
라일락꽃 향기

내 가슴 속에서
피어난 사랑은
하이얀 구름 위로
두둥실 떠돌고

내 님은
보랏빛 향기 속에서
나에게
손을 내 미네!

후회

사랑하던 내 님을
추억 속에 묻으며
님의 속 깊었던 사랑이
다시금 느껴집니다.

우리는 늘 함께
보살피며 챙겨주고
행여 무슨 일이 생길까봐
노심초사하였거늘

이제사 님의 깊은 사랑에
눈을 뜨는
어리석은 사람이
되었습니다.

당신을 향한 그리움은
더해만 가는데
지금부터라도
더욱 사랑하렵니다.

기다림

너무나도 가슴 아픈 이별 앞에
소리 내어 울지도 못하고
살아가야 할
내 남은 인생

우리가 지금껏
이루어온 모든 것
그 반쪽은 언제나
당신의 몫입니다.

당신을 두고
혼자 누리는
기쁨과 즐거움
무슨 소용이 있을까요?

언제든지
내 가슴의 반쪽은 비워둘 게요
당신이 돌아 올 수 있게
비워둘 게요.

목련꽃 여인

하아얀 한복 단장한
목련꽃 여인 내 님,
그 자태 아름답고 눈부시구려.

고결하고 수줍은 미소로
내게 다가와 은은한 향기로
손 내미는 내 님.

반갑게 손잡고
둥실둥실 춤이라도
추어 보려는데

어느새 내 손 뿌리치고
떠나버렸네.
멍하니 바라만 보았네.

눈을 떠 깨어보니
한 가닥 한 여름 밤의
꿈이었구려.

허풍

님은 내게
사랑과 희망을
꿈과 용기를
심어준 사람.

그 사람이 먼 길 떠날 때
나는 그저 두 손 놓고
우두커니 바라만보며
울기만 하였네.

사랑한다고
나만 믿으라고
무엇이든 다 해준다고
큰소리 쳐 놓고

정작 내 님이 떠나시는데
내가 할 수 있는 일은
아무 것도 없었네.

어리석고 무능한 나
울기만 하는 나.

촉석루에 올라

승용차로 마지막 여행
작년 가을 성묘 길
모처럼 시간 내어
진주를 들렀다.

내 고장 특산품과
해산물도 사고
생각만 해도 침이 솟는
시장 안 진주비빔밥도 먹고.

머리 속을 스치는
옛 생각에 젖어
촉석루도 올라보고
의암바위도 손 잡고 뛰어 건너고,

흐르는 강물은 그대로인데
찾아온 객들만 변하였구려.

지난 7월, 장수 주논개 생가를 방문하니
당신 생각에 잠 못 이루었구려.

전주 한옥마을

작년 여름 이맘 때
세연이 방학을 맞아
모처럼의 기차여행
전주 한옥 마을을 찾았다.

여쁘게 차려입은
한복차림 선남선녀들
무더위도 잊은 채
축제분위기에 들떠있다.

석갈비도 먹고
탄산수 온천도 하고
구석구석 돌아보며
얼마나 즐거워했던가?

그때에 나는 보았지,
당신의 입가에 비친 미소를!
아마도 행복을 그리는
부러움의 미소였으리!

당신 그거 알아?

내가
보고 싶다, 사랑한다고
하는 말 앞에는
언제나 당신.

그러나 당신은
나를 사랑하지 않나 봐.
꿈에서라도 한번
만날 수 없는 것을 보면

이젠 당신을
미워해야 할까 봐.
당신이 나타나도
외면하고 말까 봐.

그런데 기분이 이상해,
이렇게 이야길 하고나면
속이 좀 후련해질 줄 알았는데
눈물이 나는 것은 마찬가지야!

약속

떠난다는 인사도 없이
가버린 당신
참으로 야속하고
미운 사람입니다.

얄미운 당신 잊으려고
당신을 잊어버려야 한다고
나빴던 기억을
더듬어 보지만

아이들 키운다고
내 뒤치다꺼리 한다고
갖은 고생 다 하신 님.
미워할 수가 없군요.

내 남은 생은
아이들과 함께
당신을 기리며
행복하게 살아갈게요.

고추잠자리

당신과 함께하던
약수터 가는 길
비 온 뒤 햇볕 나니
상쾌한 기분

고추밭에는
빨간 고추 주렁주렁 달렸고
벌과 나비 떼를 지어
분주하게 나네!

빠알간 고추잠자리 한 마리
지주목에 앉더니
날아갔다 다시 오고
날아갔다 다시 오고

가만히 지켜보는
나를 향해 날아온다.
그래,
행여 내가 보고파 찾아오는
내 님일 거야.

혼자 산다는 것

혼자서 산다는 게
이렇게 외로울 줄 몰랐습니다.

아무 일이나 내 맘대로
할 수 있고 잔소리도 없는
내 세상인 줄 알았습니다.

그대 없이 지내온 몇 달 동안
당신이 내 가족을 위해
얼마나 헌신하였는지를
경험하였습니다.

평생 동안 싫은 내색도 없이
고생고생하시며
묵묵히 살다가 가신 내님
너무나도 애처롭습니다.

삼천포

오늘 처 고모님한테서
전화가 왔어요.
해마다 함께하던
삼천포 모임이 깨어졌대요.

당신 때문이래요.
우리가 없는 모임
소용이 없대요.
원망스럽대요.

어시장 구석구석
떼를 지어 누비며
그 동안 고팠던 회
맘껏 골라 담았었지요.

싱싱한 광어, 도다리, 우럭, 낙지, 멍게, 해삼.
생각만 해도 입에 침이 도는데
올해는 아무도 못 먹는대요.
당신 때문이래요.

3부

우리 사랑 영원할 줄 알았지만
한 마디 말도 없이 돌아서 버린 님,
만날 때 헤어질 예약을 한다지만
그 끈을 놓치고 혼자서 웁니다.

여수 향일암

바다에서 솟아오르는
일출이 아름다운
여수 향일암,
붉은 해를 바라보며
희망을 염원한다.

하려수도 바닷길 시원도 하다.
돌산도 굽이돌아
바위 문을 지나며
향일암을 만난다.

눈 아래는 기암절벽, 동백나무 숲.
바다와 하늘이 만나는
장관을 보며
가슴을 편다.

일 년에 한 번씩은
꼭 들리자고
큰 소리치더니만
혼자서만 먼저 가시면
나는 어떡합니까?

여수 구백식당

향일암 뒤로하고
돌아오는 길
구백식당을 들린다.

우리의 단골메뉴
서대 회 무침과 금풍생이 구이,
여기에 소주 한 잔 곁들이고.

식당 옆 시장에서
털게까지 만난다면
우리의 목표는 성공.

이것이 우리가
여수를 자주 찾는
이유였답니다.

어떻게 생각해요?

사람들이 나보고
당신이 편안하게 가시도록 제발 좀
놔 주라네요.

너무 오래 붙들 있으면
당신만 더 힘들다고
훨훨 날아갈 수 있도록
놓아 주라네요.

당신도 그러기를 바래요?
그것이 좋아요?
이야기 해 주세요.
꿈에서라도.

나는 당신과 더 오래
있고 싶은 데,
당신이 원하면
놓아 드릴게요.

팔공산 갓바위

일 년에 한두 번씩 찾아갔던
팔공산 갓바위
한 가지 소원은 꼭 들어준다는
갓바위 부처님.

등산코스를 겸한 참배 길에
이런 저런 세상사 다
털어놓고
마음을 비운다.

평소에 다리가 아파
걷기를 주저하였는데
갓바위 가파른 계단은
잘도 오른다.

모처럼의 기차여행
즐거운 하루의 데이트.

이제는
가고싶어도 갈 수 없는
지난날의 추억.

충무 기행 (1)

언젠가 여름날
님과 함께한 가족여행,
곤도라를 타고
통영 미륵산 정상에 올랐다.

8인승 48대의 곤도라가 매달려
연속적으로 오르내리는 모습,
마치 잠자리 떼가
나를 향해 날라 오는 것 같다.

한산대첩 전망대,
통영 상륙작전 전망대 등
여러 곳 전망대를 두루 돌면서
아래를 내려다보면

탁 트인 산과 바다,
크고 작은 섬들,
아름다운 통영항의 모습
한 눈에 들어온다.

충무 기행 (2)

서호시장 들러서
원조 시락국으로 허기를 지우고
해저 터널도 걸어서 건너보고,
동피랑 벽화마을을 간다.

올 때마다 변화되어 있는 벽화는
우리를 무척 즐겁게 한다.
천사의 날개 앞에서
사진 한 장 찰칵하면
나도 천사가 된다.

호동식당 졸복국으로
점심겸 저녁식사하고
시장에 들려
털게, 고동, 가자미도 사고
홍합, 멸치도 사고.

돌아오는 길에
오미사 꿀빵 사서 입가심 하면
오늘하루도 즐거운 여행이었습니다.

작년의 오늘은?

오늘은 팔월의 마지막 날.
여러 날 비 오더니
가을이 성큼 다가왔다.

님 가신지 어언 팔 개월,
작년의 오늘, 무엇을 했을까?
일기장을 들춘다.
벌써 김장 걱정,
고추를 샀군요.

내 님은 늘 가족을 생각하고
앞날을 준비하였거늘
님 떠난 지금,
나는 무엇을, 어떻게 해야 할까?

오로지 님 보고 싶은 마음
그것뿐인데.
한동안 참았던 눈물이
두 볼을 타고 흘러내린다.
흘러내린다.

노오란 국화꽃

옹벽 사이로
수줍은 듯 고개 내민
노오란 국화꽃

가던 길 멈추고
한참을 바라보다
우리는 그만 고민에 빠졌다.

곧 바로 잘라
머리맡에 꽂아 놓고
매일 만날까?

비바람 맞으며
하늘하늘 웃게 두었다가
내년에 다시 만날까?

그러나
내 님은 떠나고
나 혼자 쓸쓸히 만날 수밖에.

그리운 내님

서울 가는 기차 안
차창에 비치는 내 님

그리운 님 생각에
이슬이 맺힌다.

모두들 짝을 지어
잘도 오르내리건만
나 혼자 외톨이 되어
쓸쓸히 앉아있네.

어느덧 9월로 접어드니
가을이 오나보다.
내 어깨 감싸주던 님
어디쯤서 무엇을 하고 계실까?

돌아올 줄도 모르고
떠나간 내 님
보고 싶은데
한 없이 보고 싶은데.

새 학기

오늘은 한밭대학으로
공부하러 가는 날

지도교수님의 손에 끌려
첫발 디딘 것이 엊그제 같은데
어느덧 새 학기를 맞네요.

시가 무엇인지 알지도 못하면서
가슴에 품었던 슬픔의 덩어리를
눈물만 흘리며 부수고 있는 동안.

벌써 나를 시인이라
불러주네요.

더욱 어깨가 무거워지고
또 다른 두려움이 엄습합니다.

열심히 해 보라는 채찍으로 여기고
도전해 보렵니다.

매미

매미가 울고 있습니다.
이 나무 위에서도
저 나무 위에서도
코러스를 이룹니다.

노래를 부르는 건지
님이 그리워 우는 건지
맘껏 소리 내어
울고 있네요.

나도 님이 보고 싶어
님의 이름 외치며 울고 싶은데,
통곡도 해 보고 싶은데
그저 속으로만 울고 있습니다.

울고 싶어도
소리치지 못하고
속으로만 울고 있습니다.

이별연습

혼자서 걷는 길에
비가 내린다.
추운 겨울날 가셨는데
가을이 성큼 다가 왔네요.

당신을 사랑한 만큼
행복 했는데
엄습해 오는 고독
추스를 수 없군요.

살면서 조금씩
잊어간다고는 하지만
아직도 눈물이
내 앞을 막는군요.

그러다가 햇빛 나
풀잎에 뿌리니
영롱한 아침햇살은
내 님이 나를 반기네요.

추억 속으로

내가 살아온 동안
받은 선물 중
가장 아름다운 선물
내 님, 당신입니다.

당신과 함께
웃고 울던 지난날들이
추억의 뒤안길로
숨으려 합니다.

불면의 밤을 새우며
애써 잡아보려 해도
뿌리치는 내 님.
야속하기만 합니다.

혼자라는 두려움과
하늘이 무너지는
아픔일지라도
내가 져야 할 몫입니다.

그대를 보내며

그대를 보내고
시를 써 본다고 한 것이
잘 쓰든 못 쓰든
벌써 81번째를 맞습니다.

가슴을 도려내는 아픔과
슬픔을 토하면서
아무리 몸부림쳐 봐도

돌이킬 수 없는
현실 앞에
무릎을 꿇습니다.

이젠 정녕 우리의 끈을
놓아야 할까 봅니다.
어디든 훨훨 날아갈 수 있게
보내드려야 할까 봅니다.

나도 홀로서기를 위한
준비를 하렵니다.

무엇을 어떻게 하려는 지는
나도 모릅니다.

지켜봐 주시고 인도해 주세요.
언제, 어디서, 무엇을 하고 있을지
지켜봐주세요.

깻잎서리

용소 수변공원 옆
텃밭에 심겨진 깻잎 덤불.

우리 예쁜 이 여사
어느새 미소 띠며 장난기 발동한다.

여보! 우리 저 깻잎 따다가
삼겹살 구워먹자.

손사래 저으며 말려보려 하지만
어느새 숨어든 이 여사님.

나는 어쩔 수 없이 마음 졸이며
망보는 신세가 된다.

자축하며 소주 한 잔 곁들이지만
내 마음은 상쾌하지 않다.

홀로서기

어제는 서울엘 다녀왔습니다.
당신 떠나신 후 처음으로
참석한 모임이었습니다.

모두 다 반가운 얼굴로
맞아주는데
왜 이리 서먹서먹 어색할까요?

나도 모르게 내 입가에
떠오르는 쓸쓸한 미소
감출 수가 없었습니다.

혼자서 숨죽이고 있지만 말고
같이 어울려 웃기도 하면서
당신의 손길에서 벗어나 보라네요.

이젠 슬픔일랑 흐르는 강물에 던져버리고
새로운 꿈을 꾸어 보라네요.

오직 한 길

이 세상 많은 사람 중
오직 한 사람
당신만을 사랑하며
달려왔는데

우리 사랑 영원할 줄 알았지만
한 마디 말도 없이 돌아서 버린 님,
만날 때 헤어질 예약을 한다지만
그 끈을 놓치고 혼자서 웁니다.

지난 일 잊어버리고
새로운 꿈을 꾸라네요.
살다보면 잊힐 날 있을 것이라고,

홀로 선다는 것은
가슴치고 우는 것보다
쉽지는 않지만 가야할
오직 한 길, 그길 밖에 없군요!

가을

소슬바람 불더니
어느덧
가을이 깊었습니다.

그대와 함께
알밤 줍던 기억이
새롭습니다.

한 톨, 두 톨 줍고는
서로 많이 주웠다고
깔깔대던 내 님,

어제는
님을 그리며
혼자서
밤 줍기에 나섰습니다.

중얼거리며
두 배나 더 많이 줍고도
기쁨은커녕
눈물만 납니다.

추석

님 가신 후
처음으로 맞는 추석
무엇을 어떻게 해야 할지
걱정만 앞섭니다.

님은 혼자서도 묵묵히
잘도 해 왔던 일
여럿이 우왕좌왕
서툴기만 하네요.

즐거운 명절이 되었건만
우리 가족 모두는
떠난 님 생각으로
숙연해집니다.

그동안 많은 고생하셨으니
금년엘랑 편안히
술 한 잔 받으소서.

우리 가족 모두는
당신을 사랑합니다.

보름달

추석날 달이 뜨면
우리 가족 모두는
함께 손잡고
학교운동장을 찾았습니다.

운동장을 돌며 운동도하고
달님께 소원도 빌면서.

내 님은 언제나 혼자 떨어져
합장으로 중얼중얼
내 가족의 건강과
행복만을 빌었습니다.

그러나 올해는
구름이 달을 가려
크고 밝은 달을
볼 수가 없습니다.

아마 내 님이 보이지 않으니
달님도 슬퍼서 흘리는
눈물 때문인가 봅니다.

가요무대

초저녁 카톡 소리
단잠을 깨웠다.
화들짝 놀라 눈을 뜨니
내 님의 친구로부터다.

잘 계시는지요?
진주에서 가요무대가
열렸네요.
지영엄마 생각이
많이 나서요.
잘 이겨내시리라 믿습니다.

고마운 마음으로
눈시울 적시며
나머지 프로그램에 몰두한다.

문득 옛날 젊은 시절
부부동반 진주관광
촉석루도 오르고
남강 가도 거닐던 생각들이
파노라마처럼 스친다.

조약돌

추석맞이 집안 대청소,
하트 모양 조약돌 하나
굴러 나왔네.

언젠가 부부 모임 나들이
부안반도 채석강에서
조약돌 하나 주워
내 님께 선물하였지.

예쁘다고 기뻐하며
손때도 묻히고
볼에도 부벼대며
체온도 남겼거늘

이제는
내 눈앞에 놓아두고
그대 보는 듯 지키리다.

종시(終詩)

책을 엮으며

2017년 1월 6일.
새해의 기쁨을 맛보기도 전에
내 사랑하던 님이
내 곁을 떠났습니다.

하늘이 무너지고
땅이 꺼지는 아픔과 함께,
나는 내 생에 간직한
모든 것을
다 잃고 말았습니다.

눈물에 범벅되어
울고 있는 나에게
어깨를 감싸주고 두드려주는
이웃들이 있었습니다.

김선호학장과 김용복 형님이
그 분들입니다.

나는 시가 무엇인지 모릅니다.
한 번도 써 본적이 없습니다.

그 분들의 권유로
굳을 대로 굳어진 머리로
평생 해보지 못한 말들을
마구 쏟아 내어 봅니다.

사랑합니다!
보고싶습니다!
그립습니다! 라고.

님 보고파 주절대던
넋두리가, 그것도
한 편의 시라네요.

가슴에 맺힌 응어리와
싸우며 지내는 동안
벌써 이 해도
다 가려 합니다.

이 세상에는
나와 비슷한 처지의

여러분이 계시리라 믿습니다.
나의 어슬픈 노래지만
같이 울고 같이 웃는데
조금이라도
도움이 되었으면 하고
이 책을 펴냅니다.

비익조의 사랑과 송인의 애상성

– 월정 이선희 시인의 작품 세계

문학평론가 리 헌 석
(사) 문학사랑협의회 이사장

1.

월정 이선희 시인은 1941년 경상남도 산청군에서 태어나 경상남도 진주에서 성장한다. 한양대학교 기계공학과를 졸업하고 회사원으로 입사하여 30여 년을 근무하다 고위직 임원으로 퇴사한다. 1994년 퇴사와 함께 대전광역시에 중소기업 '계룡산업'을 창업하여, 부부가 힘을 모아 10여 년간 운영하다가 은퇴한다. 은퇴 후 평범하고 여유로운 노년을 보내던 중, 2017년에 1월 6일에 그의 생애에서 가장 충격적인 일을 만난다.

자녀들에게 보낼 음식을 마련하여 택배로 보낸 후 쓰러진 아내가 병원에서 소천한 것이다. 그 아내는 시인에게 있어

숙명적 부부로 맺어져 행복하게 살아왔기 때문에 시인의 충격은 헤량할 수 없는 크기로 작용하였을 터이다. '시인의 부친'과 '아내의 조부'가 서울에서 부산으로 가는 버스 안에서 아들과 손녀의 혼사에 합의한 지 1개월 만에 전격적으로 결혼한 일화가 전설처럼 전해지고 있다. 그들은 서로가 날개를 합체해야 하늘을 날 수 있는 비익조(比翼鳥)처럼, 현대에서는 찾아보기 힘들 정도로 아름다운 부부였는데, 그 한쪽 날개가 갑자기 부러진 것이다.

그는 〈어제 걷던 그 길(을)/ 오늘도 걷는다.〉 아내 생전에 그 길을 걸을 때는 둘이었는데, 오늘은 혼자 걷는다. 〈끝없이 어두운/ 절망 속의 길을/ 홀로 걷는다.〉 주체할 수 없이 흐르는 눈물을 닦으며, 길을 걸을 때마다 〈어김없이 울음보가 터지고 만다.〉 그러면서 아내가 떠나던 날, 〈아!/ 잊을 수 없는 그날/ 2017년 1월 6일〉을 회상하며 통곡한다.

정성껏 만든 음식
골고루 포장하여
마지막 택배를 보내었던 그날.

택배 보냈다고
아이들과 카톡하며
그렇게 즐거워하더니만

순식간에 쓰러져
말 한마디 못한 채
119에 실려 가던 바로 그날.

아, 가엾다 내 님.
눈 한번 못 뜨고
이틀도 못 버틴 채
어처구니없이 떠난 내님

—「마지막 택배」 일부

먼 길을 혼자 떠난 아내의 모습을 잊을 수 없는 시인은 통곡할 일밖에 없을 터이다. 〈사랑했는데/ 이젠 정녕 보고 싶어도/ 볼 수 없으니// 이 세상 어디에도 없으니〉 울 수밖에 없을 터이다. 작품 「님의 빈자리」에서 그의 일상이 드러난다. 〈마루에 우두커니 앉아/ 창밖을 본다.〉〈먼 하늘을 보아도/ 먼 산을 보아도/ 모두가 그대로인데// 집안은 어찌/ 이렇게 텅 비어 버렸을까?/ 내 님 떠난 자리가/ 자꾸만 자꾸만/ 커져만 간다.〉면서 부끄러운 줄 모르고 소리 내어 울음을 터뜨린다.

혼자는 살아갈 수 없어 눈물로 세월을 보내던 중, 대전에서 살아온 20년 동안 거의 유일하게 교유(交遊)한 김선호 시인의 위로를 받는다. 한밭대학교에서 학장을 역임하고 정년퇴임한 후에도, 그 대학에 개설된 사회교육원 문예창작 주임교수로 봉사하는 김선호 시인의 강렬한 권유를 받아 시 창작 공부를 나서게 된다. 슬픔을 극복하지 못한 시인은 아내 생각에 울고, 아내에 대한 작품을 창작한 후 울고, 학우들 앞에서 낭송할 때는 오열(嗚咽)하느라 읽지 못하면서도 사별한 아내를 위한 제의(祭儀)처럼, 1주일에 1편 이상 써서 아픈 내면을 담아내며, 울고 또 울면서 아내를 추억한다.

이때 김용복 극작가를 만나 용기를 얻는다. 넘치는 감정을 그대로 수용한 주정시였지만, 김용복 극작가는 시인을 대신하여 카페에 올리고, 신문에 소개를 하여 죽어가는 나무에 물을 주어 살리듯이 정성을 다한다. 이에 감읍한 이선희 시인은 창작하며 울기를 거듭하여 90여 편의 작품이 모아진다. 이때 몇 편을 선정하여 문학전문지 『문학사랑』의 신인작품상에 응모하여 2017년 가을호에 당선의 영예를 얻는다. 이들 슬프고 아픈 작품들로만 첫 시집 『여보! 어디 있어요?』를 발간한다.

2.

월정 이선희 시인의 작품을 통독하고, 다시 정독하면서 '백수광부(白首狂夫)의 처(妻)'가 불렀다는 '공무도하가'의 슬픈 모습이 겹쳐진다. 〈公無渡河(공무도하)/ 公竟渡河(공경도하)/ 墮河而死(타하이사)/ 當奈公何(당내공하)〉(당신, 강을 건너지 마세요./ 당신은 기어이 강을 건너시네요./ 강물에 쓸려 돌아가시니/ 이제 당신을 어찌해야 하나요?〉라고 슬픈 노래를 부른 여인의 통한적 정서처럼, 이선희 시인은 직설적이고 주정적으로 작품에 담아내고 있다.

이 '공무도하가'는 '흰 머리의 미친 남자'가 강을 건너다가 쓸려 죽은 설화가 바탕이다. 고조선의 '곽리자고'라는 뱃사공이 배를 손질하고 있었다. 그때 백수광부가 술병을 들고 강을 건너고, 그의 아내는 그 뒤를 따르며 건너지 말 것을 말렸으나, 그 남자는 강을 건너다 익사한다. 그의 아내가 슬프게 노래한 후 물에 빠져 죽었다. 뱃사공이 집으로 돌아와 아내 '여옥'에게 말했더니, 여옥이 악기 '공후(箜篌)'를 뜯으며 노래를 불렀다. '여옥'은 이웃의 '여용'에게 전하였고, 이 노래가 널리 알려져 '공후인(箜篌引)'이라 하고, 설화 속에 삽입된 시가를 독립시켜 '공무도하가(公無渡河歌)'라 부른다.

남편이 물에 빠져 죽자, 슬프게 노래를 부르다 따라 죽은 그의 아내, 이처럼 애상적인 상황은 남녀(男女)가 여일(如一)할 터이매, 월정 이선희 시인의 눈물로 통곡하는 소이연(所以然)을 유추할 수 있다. 백수광부의 처는 따라 죽었지만, 월정 이선희 시인에게는 죽을 만큼 슬픈 정서를 시 창작을 통하여 극복한 것이다.

> 같이 웃고 함께 울며
> 지나온 50년
>
> 누구도 부러워하는
> 잉꼬부부였는데
>
> 어느 날 뒤돌아보니
> 실이 떨어져
> 저 멀리 날아가 버리고
> 바늘만 혼자
> 쓸쓸히 남았구려.
> 이제 남은 바늘은

무엇을 해야 할까?
어디에 쓸까?

님이여!
대답 없는 님이여.

—「실과 바늘」 전문

혼자가 된 시인은 늘 애상(哀喪)에 젖어 눈물로 세월을 보낸다. 그러나 이 작품은 직설(直說)과 주정(主情)에서 어느 정도 승화되어 있다. 3연의 〈어느 날 뒤돌아보니/ 실이 떨어져/ 저 멀리 날아가 버리고/ 바늘만 혼자/ 쓸쓸히 남았구려.〉는 비유적 심상을 형상화한 것이기 때문이다. 아내의 보조관념으로서의 '실'이 멀리 떠나고, 남편의 보조관념으로서의 '바늘'인 자신만 혼자 남아 '대답 없는 님'을 부르며 울고 있다. 이러한 변화는 시 창작을 통해 어느 정도 통렬한 정서가 정화되고 있다는 근거이기 때문이다.

울면서 시를 쓰고, 쓰고 나서 또 울고, 다시 읽어보며 통곡하던 그에게 변화의 조짐이 보인다. 〈그대 가신 지 어느덧/ 6개월/ 세월도 빠르다/ 내 마음속엔/ 아직도 그대로인데〉라고 「님 없는 타향」에서 토로하지만, 곧 따라 죽을 것 같던 내면은 〈나 혼자 앞으로/ 어떻게 살아가야할까/ 낯설고 물설은/ 타향인데/ 어떻게 살아가야할까〉 자신을 걱정하는 심리적 변화를 보인다. 아내를 지키지 못한 자책과 함께 〈뜨거운 눈물이/ 두 볼을 타고/ 흐르고 있〉다며, 6개월 동안의 심리적 변화를 그려낸다.

그는 작품 「유성온천 가는 길」에서 그리움을 노래하면서도 자연을 완상하는 정서를 표출하고 있다. 아내와 함께 유성온천 가는 길에 하얀 이팝나무 꽃이 만발한 것을 보았던 기억을 되살린다. 그의 아내는 〈봄이 되면/ 화사한 벚꽃에/ 심취하던〉 사람이었지만, 〈온천에 붙잡혀/ 이팝나무 꽃으로/ 위안〉을 삼았다. 아내와 함께 좋아하던 이팝나무 꽃을 보며 〈그러나 지금/ 내 님 먼 길 떠났으니// 너마저 진다면/ 나는〉 어떻게 하느냐고 하소연한다. 이팝나무 꽃이 아내를 회상하는 매체로 기능하고 있다. 이제 그는 추억의 매체를 통하여 아내를 회상할 정도로 전폭적 애상에서 점차 벗어나고 있는 중이다.

3.

월정 이선희 시인의 정서에서 '송인(送人)'의 애상성이 연상된다. 고려시대 정지상이 지은 작품 '송인'은 삼국시대 이후 한시(漢詩) 역사에서 가장 뛰어나 천하절창으로 불리는 노래이다. 〈雨歇長堤草色多(우헐장제초색다)/ 送君南浦動悲歌(송군남포동비가)/ 大同江水何時盡(대동강수하시진)/ 別淚年年添綠波(별루년년첨록파)〉 〈비 개인 언덕에는 풀빛이 푸른데/ 그대를 남포에서 보내며 슬픈 노래 부르네/ 대동강 물은 언제나 다 마를 것인가/ 해마다 푸른 물결에 이별의 눈물 다하네.〉에서 부부가 헤어지며 흘린 눈물에 대동강 물이 부러나 마르지 않기 때문에 건너가 임을 만날 수 없다는 과장법으로 애상성을 강조한 작품이다.

이 작품은 대동강의 부벽루 정자에 편액으로 걸려 있었는데, 고려시대와 조선시대의 시인 묵객들이 부벽루에 올라 대동강의 아름다움을 노래하였다고 한다. 이 작품은 3행(轉句)과 4행(結句)의 시상 변환이 중심이라고 한다. 대동강물이 마르면 먼저 강을 건넌 님(戀人)을 따라갈 터인데, 석별하는 연인들이 눈물을 대동강 물에 보태어(添) 건널 수 없는 좌절감을 노래한 작품이다. 물론 이 작품에서는 헤어진 님이기 때문에 후일 만날 수 있다는 여지는 남겨두고 있지만, 이선희 시인의 경우에는 영별(永別)하여 이승에서 다시 만날 수 없다는 차이가 있다.

그래서 시인은 「내 님이 떠났습니다」에서 〈신이시여!/ 내 님을 한번만이라도/ 돌려보내 주시면/ 안 될까요?// 그러면/ 그동안 제가 잘못했던/ 모든 것/ 그동안 못 다해 준 모든 것/ 다 해 드리고 싶습니다.〉 기도한다. 그러면서 눈물로 자책하는 내면을 대신한다.

> 모처럼 비가 내린다.
> 소리 내어 비가 내린다.
> 거실 한 구석에 외로이 앉아
> 바깥을 내다보며
> 님 생각에 젖어든다.
>
> 행여 저 빗줄기 타고

내 님이 오시려나,
날이 갈수록
님 보고 싶은 마음
더 해만 간다.

사랑했는데
좋아했는데
내 님이 그립고 보고 싶은데
그칠 줄도 모르고,
참았던 눈물이 흘러내린다.

—「어느 비 오는 날 오후」 전문

고려를 대표하는 시인 정지상의 작품, 눈물이 대동강 물을 불어나게 하여 떠나보낸 님을 뒤 따라가지 못함을 노래한 '송인'에서처럼, 그 역시 〈그칠 줄도 모르고/ 참았던 눈물이 흘러내린다.〉고 고백한다. 비가 오면, 비 사이에 그 님의 얼굴이 보이고, 꽃이 피면, 꽃 사이에서 방긋 웃는 그 님의 얼굴이 또 보이게 마련이다. 손자 손녀를 보면, 손주들을 자애(慈愛)하던 아내의 모습이 떠올라 다시금 울음을 터뜨린다. 〈이젠/ 손자 손녀 재롱 보러/ 이곳 저곳/ 다니자고 해놓고// 그렇게 가 버리시면/ 나 혼자서/ 어떻게 하란 말이오?〉 사별한 아내에게 묻지만 어떠한 대답도 들을 수 없다.

그 대답을 찾아 시 창작에 열정을 보인다. 그는 「메아리」에서 〈녹야원을 찾아/ 그 동안 써왔던/ 당신의 노래를/ 읽어 드렸습니다.〉 〈눈물이 가로막고/ 목이 메었지만/ 소리 내어 읽었습니다.〉 〈그러나 내 목소리만/ 메아리쳐 올 뿐/

아무런 대답이 없습니다.〉 그리하여 〈당신은 내 목소리가/ 안 들리나요?〉 〈나도 보고 싶었노라고/ 대답 좀 해주면/ 안 되나요?〉 답답한 심정으로 반문하기에 이른다.

시인은 '아버지'와 '아내의 조부'가 맺어준 첫 번째 데이트 장소를 잊을 수 없으리라. 〈그대를 처음 만난 날/ 우리는 태종대로/ 첫 데이트를 갔습니다.〉 꿈결처럼 흘러간 추억, 처음 만난 날을 회상한다. 바다 바람은 세고 꽤 거칠었지만 〈마음은 설레고/ 마술 같은 힘이/ 우리를 감쌌습니다.〉라며 운명적 만남으로 규정한다. 그러면서 〈이제/ 그 손을 놓치고 / 이렇게/ 혼자 울고 있습니다.〉 사랑의 애가(哀歌)를 부른다.

4.

월정 이선희 시인은 아내에 대한 순정을 사랑으로 가꾼 분으로 불린다. 뜨겁던 사랑도 세월이 흐르면서 식어가게 마련이고, 때로는 무덤덤한 의무감으로 살아가는 사람도 있으련만, 이선희 시인은 금혼(결혼 50년)을 맞을 때까지 변하지 않는 사랑을 견지한다. 그는 「내 마음의 꽃」에서 아내를 꽃에 비유한다. 〈이 세상 어디에도 없는/ 아름답고 향기 그윽한〉 〈세상에서 가장 아름다운/ 고귀하고 영롱한〉 마음속의 꽃이라고 찬탄한다. 〈헌신으로 가족 감싸던/ 정녕 아름다운 꽃〉이던 아내가 별세하자 그는 눈물로 세월을 보낸다.

시인의 아내는 〈사랑이 무엇인지/ 행복이 무엇인지를 가르쳐준〉 '천사'였기에, 아내를 잃은 그는 천사를 잃은 것과 같이 절망한다. 그리하여 아내와의 새로운 만남을 간구(懇求)한다. 〈부모님의 선택이 아닌/ 우리 둘만의 만남/ 수줍고 가슴 설레는/ 그런 사랑〉 〈생각만 해도/ 심장이 멈출 것 같은/ 그런 사랑〉을 소망한다. 그와 동시에 다시 만났을 때에, 아내가 자신을 몰라보면 어쩌나, 걱정하는 순수성을 지닌 시인이다.

그는 비익조로서 한쪽 날개를 잃은 채, 그 반쪽을 애타게 기다린다. 〈너무나도 가슴 아픈 이별 앞에/ 소리 내어 울지도 못하고/ 살아가야 할/ 내 남은 인생〉 〈그 반쪽은 언제나/ 당신의 몫입니다.〉 〈언제든지/ 내 가슴의 반쪽을 비워둘 게요/ 당신이 돌아올 수 있게/ 비워둘 게요.〉 날 수 없는 비익조이기에 한 쪽 날개를 찾아 재회의 순간을 염원한다.

여보! 어디 있어요?
아무리 찾아도 없네.

하늘과 땅 사이
나는 여기에 있는데
당신은 어디 있어요?

찾아도, 아무리 찾아도
찾을 수가 없어요.

나에게 큰 죄를 지었나요?

들키면 안 될 큰 죄를,
그래서 꽁꽁 숨어버렸나요?

경찰에 신고라도 해 볼까요?
그러면 마지못해서라도
나타나시려는지요?

여보! 보고 싶소.

—「여보! 어디 있어요?」 전문

시인은 아내의 체취를 찾아 추억의 장소를 답사한다. '부여 궁남지'를 찾았을 때 〈연꽃 구경도 하고/ 별미로 연잎 밥도 먹고/ 내년에 꼭 다시 오자〉고 한 아내의 말이 귓가에 맴돈다. '뿌리공원'을 찾았을 때 〈흐르는 물소리, 푸른 숲/ 당신과 같이 했던/ 그때가 생각 나/ 눈시울이〉 뜨거워진다고 울먹인다. '뚝방길'을 걸으며, 〈건강하게 살아보자고/ 행복하게 살아보자고/ 마주보고 깔깔대며/ 즐거웠던 산책로〉에서 홀로 외로움을 달랜다.

시인은 아내와 함께 걸었던 '약수터 가는 길'을 혼자 걷는다. 고추잠자리 한 마리가 고추밭 지주목에 앉더니, 날아갔다가 다시 오고, 날아갔다가는 다시 오기를 반복한다. 그러다가 가만히 지켜보는 시인을 향하여 날아온다. 이때 그는 〈그래,/ 행여 내가 보고파 찾아오는/ 내 님일 거야.〉 소천한 아내의 화신으로 믿고 눈을 떼지 못한다. 이렇듯이 세상의 작은 곤충과 보잘 것 없는 초목에 이르기까지 아내의 이미지와 겹쳐져 눈물샘을 자극한다. 세상 모두 아내의 화신으로 보일 정도로 아내가 그리운 것이다.

이러한 그리움은 쉽게 사라지지 않을 터이다. 세월이 흘러도 그리움의 여진(餘塵)이 가슴에 남아 용암처럼 분출될 기회를 기다리기 때문이다. 그러할지라도 여진(餘塵)의 주기가 짧아지다가 서서히 가라앉으면, 아내로 인한 정서적 '멍에'를 벗고 일상으로 돌아오게 될 것이다. 이제껏 아내의 갑작스런 부재(不在)를 맞아 직설적 · 주정적으로 작품을 빚어온 시인도 점차 시 창작의 미학적 본령(本領)에 충실하리라 믿는다. 그리하여 예술의 영지(領地)에서 문혼(文魂)이 만개하리라 기대한다.

여보! 어디 있어요?

월정 이선희 시집

발 행 일 | 1쇄 2017년 11월 30일
2쇄 2021년 06월 28일
지 은 이 | 월정 이선희
발 행 인 | 李憲錫
발 행 처 | 오늘의문학사
출판등록 | 제55호(1993년 6월 23일)
주 소 | 대전광역시 동구 대전로 867번길 52(삼성동 한밭오피스텔 206호)
전화번호 | (042)624-2980
팩시밀리 | (042)628-2983
다음카페 | cafe.daum.net/gljang 문학사랑 글짱들
다음카페 | cafe.daum.net/art-i-ma 충청예술문화
전자우편 | hs2980@hanmail.net

공 급 처 | 한국출판협동조합
주문전화 | (070)7119-1741~2
팩시밀리 | (031)944-8234~6

ISBN 978-89-5669-870-0 (03810)
값 8,000원

* 이 책은 ㈜교보문고에서 E-Book(전자책)으로 제작 · 판매합니다.
* 잘못 제작된 책은 바꾸어 드립니다.